너를 흔드는 파문이 좋은 거야

황 현 중 두 번째 시집

너를 흔드는 파문이 좋은 거야

그림과책

시인의 말

몇 편을 들어내고 마음이 내키지 않는 곳마다 다듬고 고쳤다. 그런다고 애초에 남루했던 글이 달라질 리 없겠지만, 귀한 손님을 맞이해야 하는 가난한 집 주인처럼 괜히 소란스럽게 부산을 떨어 보는 것이다.

두 번째로 내보내는 시집…….

이제는 설렘보다는 부끄러움이 앞선다. 나름대로 최선을 다했다고 변명해 보지만, 최선을 다한 흔적을 도무지 찾을 수 없다. 값싼 감정과 과장된 수사들이 혼란스럽게 엉켜 마치 천박한 시골 축제처럼 나팔소리만 요란하니, 부끄럽지 않을 수 없다. 그러나 그 부끄러운 시간마저 없었다면 가난하고 외롭고 거친 이 삶을 어떻게 감당했으랴.

"시를 안 쓰고 웃음거리가 되는 것보다 시를 써서 웃음거리가 되는 편을 좋아한다"던 어느 여류 시인의 말처럼, 이제 부끄럽지 않기로 한다. 부끄러움을 통해 오히려 부끄럽지 않은 시로 거듭날 수 있도록 매 순간 정성을 다하리라 다짐한다.

나는 내 시가 소일거리나 고상한 취미가 아니라 진정한 삶이 되길 바란다. '시는 삶의 반영'이라는 말에 걸맞게, 시를 통해 내 삶이 보다 진지해지고 성숙해지기를 소망한다.

그러나 내 시가, 버거울 수밖에 없는 우리들의 삶 앞에서 너무 무겁지 않기를 바란다. 지나치게 의미에 얽매이거나 암호처럼 풀리지 않는 난해한 글이 되지 않기를, 고요한 가운데 '마음과 마음'으로 편안하게 다가가는 친숙한 벗이 되기를.

2016년 6월

황 현 중

차 례

1부

2부

3부

4부

1부

바람은 더없이 보드란데
시간은 멈추지 않고 내일로 간단다
내일은……, 늘 살아야 할 내일이지만
이 시간, 여기에 머물고 싶다

마지막 유산

요란한 세상에 보잘것없는 터를 닦고
몇 오라기의 허약한 명예를
빛바랜 처마 밑에 걸어 둔 일이 있습니다
그렇지만 그 짓은 결국
내 욕망의 천박한 축제가 아니었을까요
목숨을 걸고 사랑을 하고,
식구들의 고프고 아픈 배를 쓰다듬고,
한때 부모의 어설픈 지팡이가 되어 준 적 있지만
그것도 누구나 하는,
해야만 하는 일상의 무덤을 짓는 시간일 뿐
태어나서 소란하게 떠들다가
지친 침묵의 뒷방에서 마른 꽃처럼 늙어 가는 일이
내가 남길 유산의 전부일밖에요
그것마저 흐르는 세월이 빚어 낸 주름이라면
나는 아무것도 내밀 것 없는
핏기 없이 구겨진 빈손이고 말 테지만,
외롭고 가난한 내 생애의 서글픈 전설을 비웃을지라
도
내 마음이 부르는 간절한 손짓 하나로
누군가의 가여운 한 뼘 이마 위에 얹히는
부러진 시 한 토막의 거친 위로가 될 수 있다면,

아픈 삶과 삶들이 포개진 그 서러운 틈새에서
몇 방울 눈물을 적시는 연약한 노래가 될 수 있다면
그렇게 살기로 했습니다
이것이, 내가 남길 마지막 유산의 전부일밖에요

이유 없는 행복한 이유 하나

오늘 또다시 길을 떠나는 이유는
이유 없이 떠나는
이유 하나 만드는 것이다
부질없는 되풀이라 하여도
부질없는 이유 하나 만드는 것이다
헛바퀴 돌리는 헛일이라 하여도
늘 제자리인 줄 알면서도
늘 제자리걸음으로
걸음걸음 신나는
순간순간 빛나는
이유 하나 만드는 것이다
비틀거려도 주저앉지 말아야 할
비틀거리는 이유 하나 만드는 것이다
서쪽으로 기울어 가는 해를 붙들고
빈 가지에 젖은 바람을 흔들며
흔들리는 이유 하나 만드는 것이다
무엇이 되고 싶은 흥분보다
무엇이 된 기쁨보다
이유를 유혹하지 않는

이유 없는
행복한 이유 하나 만드는 것이다

나의 사랑, 나의 시

슬픔이 가득 고인 당신의 마음이라면
당신의 얼굴에 흐르는,
나는 눈물입니다
돌무더기 떠내려가는 설움입니다
둑이 무너지는 홍수입니다

견딜 수 없이 늘 뜨거운 당신이라면
한 그루 늘 푸른,
나는 서늘한 그늘입니다
서둘러 우물을 내려가는 두레박입니다
한바탕 신나는 소나기입니다

낯설고 절박한 당신의 길이라면
절벽을 할퀴는,
나는 파도입니다
낭떠러지에 붉게 핀 철없는 꽃입니다
무성한 풀밭에 누운 적막한 꿈입니다

나는 그렇게 하루하루가 당신의 시입니다
당신은 그렇게 하루하루가 나의 시입니다

남자로 산다는 것

당신은 아시나요?
남자들은 누구나 비범하게 태어나 평범하게 산다는 것을

남자들은 누구나 대통령이나 장군이 될 운명으로 태어나
의리에 살고 의리에 죽고
세상을 향해 정의의 돌팔매질을 하다가
밥도 주고 옷도 준다는 썩 괜찮은 군바리가 되어
이 나라의 씩씩한 군바리가 되어
밥 대신 옷 대신 청춘을 몽땅 주고 순한 양이 된다는 것을

때로는 가족들의 어설픈 울타리 노릇을 하다가
때로는 부모의 부실한 지팡이로 휘청거리다
어느 중년의 오후에 문득
나라와 사회는커녕, 부모와 자식을 제대로 껴안지도,
나를 위해 욕심껏 살지도 못했음을
뼈저리게 홀로, 사무치게 홀로 깨달아야 한다는 것을

가끔은 꿈도 추억도 달콤한 먹이가 되지 않겠느냐고

가끔은 엇갈린 사랑 하나쯤 녹슨 칼처럼 꺼내 들지만
한잔으로 기운 밤, 칠흑으로 물들면
아찔한 밤하늘을 두리번두리번,
애써 아닌 척, 몰래몰래 서러운 눈물을 감춘다는 것을

당신은 아시나요?
남자들은 누구나 비범하게 태어나 평범하게 산다는
것을

지천명知天命을 위한 기도

수없이 떠나려 했지만
한 번도 제대로 떠나지 못했던 이곳,
이곳에서의 삶
삶이란,
때로는 견딜 수 없는 것인가?
견뎌야만 한다기에 더 견딜 수 없는 몸부림
그래도 끝까지 살아남아야 한다는 불완전한 명제
참과 거짓을 가르는 날카로운 경계 위의
내림굿 같은 위태로움
지금까지의 삶은 무의미했고
나머지 삶마저 의문부호를 찍어야 하는 막막함
막막한 바다 위의
외딴섬 같은 이 외로움은 또 무엇인가?
슬픔도 그리움도 아닌 사무치는 이 외로움은

살아남기 위해 사는 것이 삶의 이유라면
삶은 이유 없는 것
그래도 끝까지 살아남아야 한다는 명제를 증명하라
시면
신이시여!
(저는 지금 무릎을 꿇었나이다)

희망의 가느다란 속성 한 가닥 길러 내소서
고치의 실을 뽑아내듯
망가진 지천명의 가슴을 다시 한 번 물레질하소서
희망에 닿지 못할지라도 후회하지 않고
희망을 바라보는 존재가 되도록
고래가 고래로 사는 것처럼
새우가 새우로 사는 것처럼
사람은 사람으로 살아야 하는 이유 하나로 가득 존재하도록
다만 존재로써 의미 있는 삶이 되도록

아름다워라, 중년

어찌합니까. 나의 중년은
문턱을 넘어가다 엎질러진 물입니다
물먹은 솜처럼 축 처진 모가지입니다
여름날의 소나기처럼 신이 났던 젊음,
아우성치며 넝쿨지던 나팔꽃들도
내게 다시 오지는 않을 겁니다
눈치를 보며 망설이다 주저앉아 버리는
이 무위無爲의 시간들은 이제
벗어던져도 아쉬울 것 없는 허울입니다

아닙니다. 나의 중년은
뜨거운 소나기는 아니라도
아우성치는 나팔꽃은 아니라도
아직은 식지 않은 피와 살과 곧추선 뼈로
세상을 향해 고함치는 함성입니다
약아빠진 졸개가 아니라
번개를 꿈꾸며 천둥을 기다리다
벼락을 맞아도 좋을 바위입니다
조각조각 슬픔으로 젖어서
조각조각 외로움으로 메말라서

조각조각 몸부림으로 닳아서

그래요, 나의 중년은
조각조각 빛나는 보석입니다

마음과 마음으로

무슨 일이 있어서
전화하는 게 아냐
그냥, 너의 귓가에 머물고 싶은 거야
살그미 닿고 싶은 거지
나무들 틈새로 하늘을 보듯
너의 얼굴을 보고 싶은 거야
나뭇가지에 걸린 흰 구름으로
너의 눈썹 위에 사뿐 놓이고 싶은 거지
초록을 구르는 몇 방울 젖은 이슬로
너의 눈동자에 매달리고 싶은 거야
그래그래
네가 그냥 좋은 거야

무슨 사연 있어서
너를 만나러 가는 게 아냐
그냥, 만나서 웃음 짓고 싶은 거야
너를 만나러 가는 발걸음이 좋은 거지
길섶에서 흔들리는 꽃들이 좋은 거야
풋풋한 향기가 좋은 거지
호수에 던지는 돌팔매질이 좋은 거야
동그라미 속의 동그라미 속의 동그라미로

너를 흔드는 파문이 좋은 거야
그래그래
네가 마냥 좋은 거야

무슨 일이 있어서,
무슨 사연 있어서
시를 쓰는 게 아냐
그냥, 너를 쓰는 거지
창문을 두드리는 바람을 쓰는 거야
반짝이는 별들을 쓰는 거야
눈물 같은 이슬을 쓰는 거지
나를 바라보는 너를 쓰는 거야
그래그래
마주 보는 우리를 쓰는 거야

우리 이렇게
의미로 찾지 말고
암호로 풀지 말고
난해로 어렵지 말아야 해
그래그래
마음과 마음으로 다가가는 거야

눈물이 꽃 피는 사연

포장마차 빈 술병에 눈물 고인 밤
길 떠나는 두루미가 목이 말라서
별을 따다 별을 담아 별빛 채우고
눈물 쪼아 눈물 먹고 목이 젖어서
하늘하늘 하늘에서 하늘거리다
구름 되어 소나기로 한바탕 울면
밤새 앓다 지친 나무 꽃이 벙글고
출근길에 한 사내가 꽃 보고 웃네

머물고 싶은

송홧가루 노랗게 흩날리자
철쭉꽃은 절반이나 졌다
강 건너 먼 하늘 아득히
구름은 길을 떠나고
어깨를 기댄 젊은 연인들의
낮은 속삭임이 비눗방울처럼 터진다
코끝이 싸하다
연휴의 마지막 날
바람은 더없이 보드란데
시간은 멈추지 않고 내일로 간단다
내일은……, 늘 살아야 할 내일이지만
이 시간, 여기에 머물고 싶다
잔잔한 햇살이 주름진 저 강물처럼
지는 꽃잎 속 짙푸른 새순으로

소나무 아래 정오의 그늘에는
게으른 꿈이 한 자락 졸고
나는 눈물겹게
이 순간, 여기에 머물고 싶다

오십에 오십견五十肩

의사가 내 병을 진단했다
오십에 오십견!
나에게 이렇게 잘 어울리는 병은
지금껏 없었다
맞춤 양복 거저 얻어 입은 듯
오히려 산뜻한 이 기분이란……
그래도 병은 병이기에
오십견 울적하게 주저앉아 깊어지면
감당 못할 오십이기에
들뜬 마음 살포시 눌러 놓는다

오십견은 친구들에게도 편한 병이다
그렇군, 빙그레 웃는
너도 그래? 공감하는 병이다
동료도 이웃도 그 병 잘 있느냐고
가볍게 안부를 묻는

의사에게도 심각하지 않은 병이다
병의 진척을 묻는 나에게
봄이 그렇게 쉽게 오더냐고
겨울이 그렇게 쉽게 가더냐고

올 듯 말 듯 살며시 왔다가
갈 듯 말 듯 살그미 가는 거란다
문득 꽃은 피지만
문득 꽃 피는 것만은 아니라고

가끔은 아내의 잔소리처럼 지겹지만
조심조심 마사지도 해 주고
토닥토닥 어르고 달래 주면
다수굿 고개 숙이는
정겨운 통증이다
잊지 말라며 가끔은 앙탈도 부리는
귀여운 각성이다
언젠가는 떠날 테지만
그날까지 오순도순 살아 보자는

언덕 너머 찬바람은 늘 불어오지만
더운 입김도 가끔은 섞어서 보낸다
아프지만 아프지만은 않은
눈 속을 비집고 꽃대 오르는 차분한 기쁨
이 아픔 없으면 견딜 수 없을 것 같은
오십에 오십견으로 살아서 좋은

길 위에서

이름 모를 꽃들도 있고 나비도 있다네
돌다리를 휘돌아 가는 물도
귀 맑은 소리로 붐비고
갈겨니 송사리 뽀글뽀글 웃는다네
아카시아 하얀 머리채 한들거리고
지나가는 바람도 싸한 향기 한 줌 놓고 간다네
긴 그림자가 따라가는 구불길 한 가닥
외롭다고 뒷모습 뒤척이면
먼 길도 이제 끝이 나고
강 건너 서산에 붉게 해 넘어간다네

애써 아닌 척 견딘 세월 하, 얼마인데
오늘도 철없이 울컥!

지친 발걸음 괴고 쓴 담배 한 개비……

이대로 밤이 수북이 쌓이고
돌아갈 길 아주 끊겨도
강물 위 잔잔한 주름으로 누워도 좋겠네
별빛 총총 하늘을 안고 흘러도 좋겠네

낮은 길

재바른 청소부의
부지런한 비질마다
말간 아침이 트여 오고

보도블록 틈 사이로
작은 풀들 자잘한 웃음
볼록볼록, 돋아나
조심조심, 밟힌다

텅 빈 운동장에
버려진 신발 한 짝에
바람 빠진 축구공에

등 굽은 할머니와 낡은 지팡이와
햇살 등진 좁은 그늘과 한 뼘 휴식과

외진 길 물웅덩이에
한 자락 바람이 스치고
한 움큼 구름이 건너고

내 그림자도
마침내 저를 눕히고 울지

그늘아, 너에게

그대, 한 뼘 그늘을 허락해다오
오늘도 너무 오랫동안 걸어왔고
길마저 자취를 감추었는데
어디에도 쉴 곳은 없단다
잠시만 나를 쉬게 해다오
네 푸른 치마폭으로 시린 발목을 감싸다오
살아 있기에 살았을 뿐인 험한 세상에서
무엇을 찾아야 할지 아직은 알 수 없지만
오늘은 쏟아지는 별 무리의 고운 빛으로
잠시만 내 눈물을 닦아 주오
그대 깊은 뿌리의 지긋한 힘으로
해맑은 내일의 아침을 깨워 주오
그리고……
가게 해다오
깊은 숲 속의 빨간 산딸기를 문득 만난 기쁨처럼
한 아름 꽃 속에 핀 아름다운 세상을
그리며 그리워하며
헤매어 온 길
다시 헤매어 가도록
그대, 한 뼘 그늘을 허락해다오

어머니와 별

헐벗은 아픔이더냐
빈 가슴이더냐
울지 마라
눈물짓지 마라

네 어머니는 눈물 말아 먹고
별처럼 너를 키웠다
행주치마 마를 날 없던 네 어머니는
먼 하늘에 가서도
반짝반짝 별을 닦는다
멍든 어둠 속 치맛자락 거머쥐고
반짝반짝 너를 닦는다

오늘은 너도
너의 눈물로
반짝반짝 웃어라
한 줌 빛이 되어라

불효자의 변명

일흔 자신 늘근 홀에미
전화 왔습죠
동지섣달 질고 진 밤 눈발 헤치며
따르릉, 전화 왔습죠

등이 가랍다고
징허게도 가랍다고
가란 디가 천 길인 듯 닿지를 않는다고
따르릉, 한밤중에 전화 왔습죠

아들은 천 길인 듯
에미 등에 닿을 수 없는 불효자여서라
후끈 달아오른 낯바닥으로
가슴패기에 불을 댕겨
몽글몽글 속살만 태우는디

기어코는 즈그 안해한테 등 내밀고선
등 쪼매 글그라, 딴청을 부리고 말지
월매나 시원헌지……
눈물 나게 시원헌지……

술 묵은 듯
술을 묵은 듯
술보다 독한 거시기에 취해가지고
포오옥–폭 울었습죠
동지섣달 질고 진 밤을 왼통 울었습죠

아내의 아픈 다리

아프다, 마음이 아프다
지는 꽃은 늘 서럽다
길섶의 민들레도
아픈 바람을 앓았구나
길에는 길이 없고
길마다 눈물자국
아프다, 마음이 아프다

네 마음에는 다리가 없구나
네 아내는 다리가 아프다
마음이 아니라
다리가 아프다
땅을 딛고 걷는 다리가
계단을 오르는 다리가
네 밥상을 차리는 다리가
너를 견디느라
네 지친 삶을 끌고 가느라
세상의 절벽이 고단한
네 아내는 다리가 아프다

오늘은 네 성한 두 다리로

아픈 아내를 등에 업고
아내의 아픈 다리가 되어라
세상의 아픈 다리가 되어라
아프게 절벽을 기어오르는
누군가의 사다리가 되어라

그래도 아프냐?

아내의 미소

새끼 키운 정
낳고 키운 정이라네
맨몸뚱이와
수저 한 벌로
눈물 말아 먹은 정
밥상머리 정이라네
사랑의 꽃 심지에
불 댕길 나이 아주 지나고
정에 울고 정에 산다네
버려도 맞출 짝 없는 남자
그 남자의 등에 얹히는
오후의 햇살 같은
정 따순 미소라네
내 아내의 미소라네

가을에게 묻는다

꽃을 지우고
잎을 버리고
이 가을
한 알로 태어난 열매

내 삶은
무엇을 지우고
무엇을 버리고
무슨 열매로 매달렸을까?

가을에게 묻지 말자

허무한 날들의 끝자락에
황혼이 깃들면
내 젊은 날들에게 묻자
내 부끄러운 날들에게 묻자

황혼 속에 웅크린 너,
너는 누구냐고

아내의 뒷모습

아내의 뒷모습이
아프다
너무나 아프게
내 보잘것없는 삶을
절룩거린다

어쩌다 못난 나를 만나
헤프게 웃어 버린 죄

슬픔을 모두 주고
기쁨을 거저 얻은
나는 욕심 많은 사내였으니

이제 우리의 시간은
오후 다섯 시
노을은 얼마나 더
아름다울 수 있을까?

아내가 웃는다
웃는 주름마저
빗살무늬 토기에 소박하게 담아서

허기진 내 마음을 또 채운다

부디 축복 있으라
나의 아내여!

꽃 지고 사랑 떠나면

꽃 지면
나무는 잊힐까 싫어
더욱
몸부림인데
꽃 떨군 나무는
다만,
초록일 뿐
그 흔한 숲일 뿐

그대 떠나면
사랑이 잊힐까 싫어
더욱
몸부림인데
그대 떠난 나는
다만,
사람일 뿐
그 흔한 사람일 뿐

꽃 떨군 나무야!
사랑 떠난 내 사람아!

우리 서러워 말자

나무는 온몸으로 꽃인 것을
사람은 온몸으로 사랑인 것을

오타誤打

오타,
괜찮다고 했다
당신이라면
오타마저
사랑한다고 했다

어쩌다 그랬을까
반듯한 내가
멀쩡한 사랑을
엉뚱한 이별로
오타 내고 말았으니……

벼락같이 화를 내는 당신

몰랐을까, 당신은
사랑 뒤에 이별 온다는 걸
이별마저 가슴 앓는 사랑이라는 걸

나그네새

오늘도 젖으며 젖으며 먼 길을 간다
소리 내어 울 수도 없는 자리마다
이미 서러움은 질척거린다
때로 따사로운 봄날
꽃 가슴 들뜬 향기로 온몸을 떨었지만
피할 길 없는 빗속에서
험한 길을 오래도록 걸어왔다
하늘은 여전히 비구름 가득하고
세상은 거센 바람 속에 나를 가두었다
그래도 살다 보면 이 먹구름 걷히고
성에 낀 창가에 햇살 스미듯
해맑게 웃는 날 있으리라 굳게 믿으며,

오늘도 나그네새 한 마리
젖은 날개 파닥이며 비바람을 거스른다

2부

내가 키운 홀씨 한 알의 민들레와 은은한 향기를
내가 키운 물고기 한 마리의 고래와 힘센 파도를
내가 키운 새 한 마리의 학과 수천 년의 날갯짓을

기울고 고이는

산등성이 너덜겅에 달빛이 기울면
갓 태어난 지상地上의 연두는
연약한 두 볼에 몇 방울 고인 이슬로
대낮의 신열을 씻고 여린 뿌리를 적신다
씨앗을 잉태한 뭇짐승도 달이 기울면
순한 얼굴로 돌아앉아 생명을 낳고
고통을 말아 삼킨 나날의 아프게 고인 젖으로
어린 새끼들을 쑥쑥 키운다

우리들 마음도 그렇게 기울었으면 좋겠다
마음이 기운 자리에 슬픔으로 고였으면 좋겠다
다만, 슬픔 속에서 슬픔으로 머물지 말고
다만, 슬픔 속에서 상처로 주저앉지 말고
씨앗이 밀이 되고 누룩이 되고 술로 고이듯이
맑고 깊은 첫국의 맛과 향으로 가득 고여서
한 송이 사랑을 꽃피웠으면 좋겠다

두 개의 성한 꽃받침으로 살포시 기울어서
은은한 향기로 들뜨지 않은 환희로 가득 고여서
한 송이 꽃을 받들며
너와 나 그리고 우리,
서로를 받들며 영원히 사랑했으면 좋겠다

낙엽

아직은 이른 시간,
떨어지지는 말아야지
서리꽃을 하얗게 피우고
벌레 먹은 바삭한 몸 뒤척이며
마지막 햇살을 받들어야지
한 알의 소박한 결실을 기도해야지
한때 신이 났던 젊음
푸른 계절의 철없던 아우성도
이제는 부끄럽지 않다고,
폭풍으로 몸부림친 날들도
찬바람에 무서리도
한 겹 나이테를 곱게 새긴
향기로운 너만의 체온이라고
고개 숙여 감사해야지
늦은 오후에 성경을 더듬는
주름진 노파의 물먹은 찬송처럼
노을이 붉게 가슴 저미는 날
너도 이슥고는 바알갛게
고운 한 잎, 단풍으로 떨어져야지
너를 밟고 지나가는
낮은 사랑으로 잠들어야지

수염을 깎는다

수염을 깎는다.

거품 속에서 말끔하고 단정한 아침이 나를 기다린다. 그러고 보니 나는 오십이 넘도록 이 거품으로 하루하루를 살아왔다. 늘 정갈하게 가다듬은 얼굴로 하루를 시작해 보지만 거뭇하고 까칠하게 고개 숙이는 날들이 많았다. 오늘도 거울 앞에서 지저분하게 자라난 수염을 눈물겹게 바라본다. 또 하루를 살아 냈구나, 하는 안도감 속에는 희끗한 부끄러움이 몇 가닥을 꼬고 있다.

오늘도 여전히 수염을 깎아야 한다.

누추한 하루의 시간이 토막 나면서 덥수룩한 나에게서 빠져나온 쾌남(快男). 이렇게나 살가운 눈짓의 흐릿한 눈속임으로, 이렇게나 가지런한 입술의 재바른 입질로, 이렇게나 반질한 이마의 느글대는 자만심으로 그동안 동료를 친구를 가족을 속여 왔을까? 그리고 내가 모르는 나마저도? 그래서 가끔은 과장된 슬픔과 위장된 눈물로도 부끄럽지 않은 하루살이가 당당하게 가능했을까? 세면기 바닥에 구멍 뚫린 어두운 망각 속으로 토막 난 하루가 소용돌이치며 사라지고 있다. 가파른 오늘을 변함없이 살아 내기 위한 생존의 시스템인 양.

수염을 깎고 싶지 않은 날들이 있다.

출근하고 싶지 않은, 손가락 하나조차 까딱하기 싫은, 하루를 저항하고 싶은, 수염이 멋진 체 게바라나 함석헌이 될 가망은 없지만 그들을 환호하는 군중이 되고 싶은 날들. 아무것도 하지 않음을 함이라고 우겨대는, 이 무위(無爲)라는 모호하고 달콤한 수렁으로 방,하,착(防,下,着)! 될 대로 되라지.

하지만 나는 또,

무위의 시간에 자라난 덧없는 수염을 바라보며, 무위가 아니라 무엇을 제대로 해야만 하고, 수염이 아니라 살을 깎는 삶을 제대로 살아야만 한다는 것을…… 머지않은 내일의 거울 앞에 서서 긴 한숨으로 고백하게 될 것인가?

무시간도無時間島

제 시각에 오지 않는 버스를 애태우며 기다리는 당신은,
당신은 늘 답답합니다
동동 구르는 당신의 발등에서 곤두박질치는 당신의 시선
두터운 코트에 털목도리, 가죽 장갑까지
무겁게 출렁이는 가방은 또 무엇하러 데리고 가는지……

기다리던 버스가 부산하게 도착하고 당신은,
한 자리를 꿰찬 당신은 스마트폰에 두 눈을 고정합니다
저물가와 투자 부진, 디플레이션이 우려된다고
담뱃값 인상은 국민 건강이 아니라 세수 증대를 위한 꼼수라고
어린이집 보육교사가 세 살짜리를 폭행했다고
그럴 수는 없다고
그럴 수는 없지, 긴 한숨을 내쉬며 고개를 들었을 때
폐선과 쓰레기로 가득 찬 붉은 섬 속에 정지된 화면,
검은 까마귀들의 박제된 날갯짓과 불 꺼진 등대들의 나열……

당신의 시간은 문득 사라졌습니다
그러니까,
버스 오기만을 기다리며 불평했던 시간까지가
버스 안에서 스마트폰을 뒤적이던 시간까지가
당신이 살아온 시간의 전부가 되었습니다

당신은 그때,
비탈진 빙판길 위에 누군가 뿌려 놓은 연탄재를
지하도에서 서리 내린 언 이마로 꿈틀거리고 있는 노숙자를
정류장 옆 마트 앞을 쓰러질 듯 비질하는 청소부를
무거운 고개를 차창에 부딪치며 하루를 시작하는 어린 학생들을
버스 안에서 보따리를 들고 빈자리를 찾아 비틀거리던 할머니를
그리고 당신은,
아침 햇살에 방울방울 눈물짓는 처마 밑의 고드름을
살얼음의 강물에서 깃털을 비비며 자맥질하는 물오리떼를
빈 벌판의 설국 위에서 자지러지는 자홍빛 햇살을

보지 못했습니다 아무것도

그래서 당신은,
여기 무시간도에 도착했습니다
당신의 무의미한 도착을 알리는
정지된 시곗바늘이
당신의 박제된 심장을 겨누고 있-습-니-다

우리들의 시간은 안녕하실까요?

가난에 대한 소견所見

가난을 뼈저리게 겪을 때보다
가난을 애틋하게 느낄 때에는
고단하지도 불편하지도 서럽지도 않아

너는, 늘 부끄럽지 않게 가난 앞에 서라

그날그날 익숙하고 편안한 가난의 느낌으로
서로가 서로에게 스며들며
서로의 미소를 거울처럼 바라보며

너는, 늘 슬픔을 적셔서 기쁨을 닦아라

완전하여 고독하기보다는
부족하여 서로를 부축하고
부축하며 서로를 기도하는

너는, 늘 가난 앞에서 간절한 기도가 되어라

엘리베이터

엘리베이터 안
손바닥 경고문에 덧붙인 낙서
(여자를) 손대지 마시오
(남자에게) 기대지 마시오

손대지도 기대지도 못하고
뿌리째 뽑히는
고독한 수직 상승

층층마다 하나씩 뱉어 놓으면
와락, 수갑을 채우는
불 꺼진 쓸쓸!

매미처럼

마음이 아픈 날이면 울자
매미처럼

모든 소리 나는 것들이 가진
'비어 있음'의 지혜처럼

세상을 모두 토해 내고
하늘을 향해 파랗게 멍들자

나뭇가지에 목숨을 매달고
생의 고달픈 절정에서
환희의 함성으로 터지는
매미처럼

맴. 맴. 맴.
마음. 마음. 마음.

굽은 나무

잘나고 예쁜 꽃들
좋아, 좋지
매끈한 지느러미에
건방지게 싱싱한 볼
사랑하지, 부럽지

그런데 나이 들면
굽은 나무가 더 좋아
굽은 대로 좋아
마음이 쓰여

굽은 등에 업혀
한나절 울고 싶어
수고했네
수고했네
너를 위로하고 싶어

멈추면 비로소 보이는 것들*

다섯, 넷, 셋, 둘, 하나
신호등이 빨간 불을 켜네
잠시의 멈춤

큰길 건너 담장 밑에
키 큰 는장이가 한들한들
민들레도 낮은 바람을 흔들고
벚나무 그늘 아랜
꽃비 내리는 분홍빛
빨래터 볼 빨간 아낙네는
설움 뭉친 때를 씻는데
옥양목 치마폭 하얀 구름은
하늘하늘 하늘가에……

아! 멈추면 비로소 보이는 것들

신호등이 파란 불을 켜며
그쪽으로 가라 하네
어서 가라 손짓하네

*혜민 스님의 책 제목을 인용

지렁이

오늘도 축축하고 더러운 하루를 살았다
사람들 누구나 꺼려하는 외진 구석에서
사람들의 쓰레기와 거친 땅을 깨물면서
오늘도 더러운 하루를 깨끗하게 살았다

나는 징그러워 지렁이지만,
토룡이라고 부르는 멋진 사람들은 나를 안다

내가 키운 홀씨 한 알의 민들레와 은은한 향기를
내가 키운 물고기 한 마리의 고래와 힘센 파도를
내가 키운 새 한 마리의 학과 수천 년의 날갯짓을

나의 축축하고 더러운 몸짓 하나하나가
우주의 미끼라는 것을

성형 미인

못생긴 건 용서할 수 없다!
쌍꺼풀은 기본으로 깔고
처진 볼은 보톡스,
팔자주름은 필러로
실리콘을 채운 가슴은
자부심에 부푼다
꿀벅지는 달콤한 유혹,
치아 교정은 통과의례
여전사는 이제 마지막 승부를 건다
턱뼈를 들이밀고 받은 승리의 견적
브이라인에서 펄떡거리는
오후의 햇살이 뜨겁다
뭐든지 할 수만 있다면……,
이빨을 악물며
자신을 버리고 세상의 값싼 얼굴로 떠도는
그녀의 젊은 뒤태가 불안하다
하이힐 높은 그림자가
제 손가락질에 비틀거린다

골목길 풍경

변화를 원하지 않는 늙수그레한 오후가 골목마다 잠들었다
골목길에서 골목길이 나타나고 골목길이 사라지는 골목길 틈서리
작은 하늘이 둥지처럼 안긴 담장 아래 오붓한 텃밭에는

개불알꽃 애기똥풀 민들레 눈먼 외할아버지네 뒷산의 며느리바랑꽃 무더기무더기 등불을 켠 은초롱꽃, 아름다운 것들
우리들의 배고픈 먹이, 시금치와 상추들

그리고……

이것저것 이름 모를 것들 잡초들, 미의 오물
언제 뿌리 뽑힐지 모를 것들 잡초들, 악의 근원

오늘은
어느 은은한 눈길이
어느 온순한 손길이 그들의 죄를 사하였나?
비바람에 매 맞은 멍 푸른 등짝을 곧추세우며

담장 밑 좁은 하늘에 닿으려다 닿으려다 지친 듯 고개를 수그리고
제비들의 노란 주둥이가 햇살을 다듬고 있다

그렇구나, 별아

먼지 낀 마음으로
종일 햇살을 나부끼다가
눈부신 대낮을
온종일 휘청대다가
넥타이 풀어헤친
땀띠 난 목줄,
칼칼하게 목이 쉰 슬픔으로
빈 장독대 가득
어둠이 내리는 뒤란에 서면
별 하나
너는 뜨는구나
대낮에는 결코 볼 수 없는 너
어둠 속에서만 빛을 보내는
아! 너를 잊고 살았구나
내가 너를 여기에 두고
대낮 속을 허둥지둥
이렇게 헤매어 왔구나

그렇구나, 별아

희망으로 가는 길

내가 깊은 뿌리로 어둠을
스스로 내려가지 않는 한
저 숲의 울창한 나무들처럼
누가 나를 푸르게 하겠는가

네가 뜨거운 햇살과 거친 바람을
꿋꿋하게 견디며 가지 않는 한
낙엽으로 뒹굴며 가지 않는 한
누가 너를 열매 맺게 하겠는가

저 밤하늘의 별들처럼
누가 우리를 반짝이게 하겠는가
우리가 서로를 끌어안고 어둠 속을
스스로 가지 않는 한

예쁜 손

상처 많은 손이 예쁘다
네일샵에 값을 지불한 여자의 손은
예쁘기만 해서 밉다
고프고 아픈 배를 쓰다듬으며
피와 땀과 눈물로 아로새긴 손금
마디 굵고 거친 손이 예쁘다

나를 낳으신 손이 그렇고
나를 키우신 손이 그랬다

상처가 예쁘다는 건 억지인 줄 알지만
상처는 흉터로 주저앉지 않는다
한 다발 꽃으로 피어나
지극한 향기로 사랑을 손짓한다

소리

에밀레종*은 소리가 없다네
천이백 년 전에도 그랬고
지금도 여전히 소리가 없기는 마찬가지
귀에 들리는 이 소리는 무어냐고,
따져 물어도
들리는 것은 들리지 않는 것의 일부일 뿐
조선 사람 서경덕은 줄 없는 거문고*를 타며
들을 수 없는 그 소리로
세상의 이치를 밝혔다는데
욕심 한 줄, 명예 한 줄 없애지 못해
오늘도 내 마음속 들끓는 요란한 종소리

*에밀레종은 신라 성덕대왕신종의 다른 이름으로, 이 종의 명문에는 '태음(大音, 큰소리)이 천지 사이에 진동하고 있는데 아무리 들어도 그 소리를 들을 수 없다.'라는 도덕경의 문장이 새겨져 있음

*서경덕의 『화담집』 「무현금명1(無絃琴銘一)」 편에 나오는 이야기

3부

세월은 모래알처럼 흘러내리고
마음 저린 추억에도
아프게 눈 감을 나이
떠나고 없는 빈 발자국에
오늘은 꽃신을 놓네

봄을 기다리며

뒤로 감춘 손
무엇이 숨어 있었을까
꽃?
잊자,
아주 잊자, 하면서도
삼십 년 동안 궁금했던
그 꽃
결국 피우지 못하고
내 마음은 시들었네
세월은 모래알처럼 흘러내리고
마음 저린 추억에도
아프게 눈 감을 나이
떠나고 없는 빈 발자국에
오늘은 꽃신을 놓네
기다리네, 봄을
자릉자릉 마음이 우네

입춘立春

담벼락 모퉁이 한 뼘 텃밭에
갓 태어난 떡잎 한 쌍
연둣빛 도톰한 두 볼로
이슬방울 글썽이면
수줍은 미소 안고
사알짝, 건너오는 햇살

보도블록 틈새마다
파란 웃음 투둑, 불거지고
터지는 콧노래에
휘파람 한 줄기 휘리릭, 그으면
입안 가득 고이는 초록빛 세상

왔구나!
말갛게 싹 트는 가슴속에
소란하게 재잘대는 기쁨아

게으른 봄날

두터운 회색빛 고목에
오래된 청춘의 여드름
살그미 두 눈을 뜨고

날 듯 푸른 하늘 아래
흐느적 햇살을 뒤집는
아지랑이 은은한 몸짓

치마폭에 바람을 흠뻑
저기, 저 여자는
입술 튼 저 여자는
밤새 무슨 일 있었나
에라 몰라
사알짝 외면하는 연분홍 볼샘
아! 봄을 앓았구나
부끄럽구나

이렇게나 좋은 날에
어리석은 결정 하나
게으름이란다

늘 적자인 인생살이
게을러야
남기는 봄 장사란다

꽃망울 터지기 전에

그리워라 그리워서
기다린다오
노을 한 짐 부려 놓고
기다린다오

노을 진 그 자리에
꽃 피잖아요
산수유 꽃 피잖아요

그래요 그래요
노란 저 꽃 당신 줄게요
내 마음도 전부 줄게요

어서 와요
빨리 와요
꽃망울 터지기 전에

꽃망울 터지면
나도 몰라요
내 마음 나도 몰라요

봄이 오는 길목에서

따뜻하고 부드러운 몸짓으로
햇살이 자맥질하고
바람과 햇볕이 만나는 숲길에서
높은음자리로 새들이 웃는다

봄을 만나 꽃이 피고
꽃을 찾아 나비가 길을 떠난다

봄 속에 꽃
꽃 속에 나비
서로가 한 몸이듯

나도 오늘은 봄을 만나
사랑으로 꽃피고 싶다
사랑의 체위體位로 수줍게 누워
은은한 향기로 너를 안고 싶다

봄바람에 봄비

봄바람이 온통 간지럽다
꽃들이 웃는다
바람 따라 흩어진 꽃잎들
샛강 가득 흐르고
정이 깊은 구름은
지는 꽃이 슬퍼서 운다
땅이 땅에서 젖고
산이 산에서 젖는다
젖은 나무가 또 젖는다
밀짚모자 쓴
농부의 발목이 젖고
게으른 누나의 오수가 젖는다
봄비가 온통 간지럽다

작은 기쁨

길을 가다 우연히
문방구 같은 초등학교 앞 서점에서
뜻하지 않게
꽃그림 아기자기한 시집 한 권을 샀다
망설이다가
되돌아서다가
한 권을 더 샀다

누구에게 줄까?
생각나는 얼굴이 있다
그리운 얼굴도 있다
잊힌 얼굴 하나 가슴을 스친다

떠오르는 얼굴마다
추억과
사랑과
작은 소망의 시를 하나씩 골라
한 줄 두 줄 곱게 수를 놓는다

저기 저,
행복한 5월의 햇살이 붐빈다

공원에서

커피 한 잔을 들고 공원에 간다
눈이 닿는 곳마다 은은하다
하늘과 구름과 새들의 부드러운 날갯짓과
저 산에는 저 산마다 저 산 벚꽃
푸른 잔디 위의 바람도 은빛 물결이다
꽃을 바라보며
꽃에게 이름을 묻는다
몰라요, 몰라!
바람이 오고가며
코끝에 라일락 꽃향기가 묻는다
공으로 공이 구르고
달리기로 해가 달린다
줄넘기가 햇살을 물레질한다
오종종 보랏빛 새싹 같은
아이들과 아이들의 숨이 가쁘다
넘어질 것을 걱정하지 않는
아이들의 무릎으로 오늘이 넘어진다
젊은 엄마들의 품에
사월의 푸른 햇살이 흠뻑 달려간다

눈을 감아라!
사랑합니다
감사합니다

수묵화水墨畵

야삼경 수묵 한 폭
바윗돌에 먹물은 젖고
난초 잎새 촉 촉마다
수심 한 점
눈물 한 점
아, 새길 수 없는 설움인가

부르노니 육자배기
사창가 울타리에
능소화같이
능소화같이
달빛 아래 눈 큰 가시내
이쁜 눈물 고이는
능소화같이

먼 데 산그늘에는
슬픈 여우 울음소리만
밤새 재주를 넘고

방향 없는 야삼경은
수묵 한 폭 스치는 바람을 따라
가노라 흘러간다

무명초無名草

너, 애달픈 너
무심코 지나친 길섶
눈썹만큼 꽃 피었던 너
내 눈짓을 따라
눈물을 글썽였겠지
내 그림자를 따라
하늘하늘 손짓했겠지

사랑의 그 순간을 그만 몰랐네
순간의 그 사랑을 그만 잊었네

귀로歸路

해가 진다
하루가 무겁다

발목이 시린 삶

강물 위에
몇 개의 별이 뜨고
달빛이 흐른다

아름답다!

인생이란 어쩌면
이렇게 아름다운 슬픔일까?

은핫물이
목마른 하늘을 적신다

이제, 돌아가자
집으로

소박한 저녁 식사와
주름진 아내 곁으로

추일소묘秋日素描

아내의 다리가 아프다
오늘은 설거지라도 도와야 할까?
널브러진 이부자리를 개킨다
청소기로 먼지 쌓인 방바닥을 닦고
세탁기 속의 빨래를 툭툭, 털어 말린다
곁에 놓인 화분 몇 개에 물을 주고
잎, 잎에 매달린 초록 물방울들을
두 눈 가득 바라본다
음식쓰레기를 버리고 돌아오는 길에
경비실 김 씨를 만나 반갑게 웃는다
바람 쓸쓸하고 하늘은 더욱 푸르다
길고양이 지나가는 발자국마다
낙엽들은 벌레 먹은 몸을 뒤척이고
담장 옆 감나무에는 마지막 열매가
떨어질 듯 붉은 눈물을 그렁그렁
해바라기, 너의 큰 얼굴도
까맣게 고개를 숙이고 말았구나

가을아, 아프지 마라
아내의 빛바랜 얼굴이 햇살에 반짝 웃는다

작은 기도

내 마음에 새롭게 들어온
소중한 이름 하나 있습니다

존경한다고
사랑한다고
섣부르게 말하지는 않겠습니다

그분의 희망이 되지는 못해도
그분과 함께
희망을 바라보겠습니다

그분의 행복이 될 수는 없지만
그분과 함께
행복을 생각하겠습니다

그분의 슬픔을 위해
작은 속울음이 되고
그분의 기쁨을 위해
작은 설렘이 되겠습니다

그분의 소망 가운데

작은 꽃으로 피어나
그분의 가슴에
낮은 향기로 머물겠습니다

내 마음의 소중한 이름 하나
아픈 그분을 위해
오늘은
그분의 아픈 상처가 되고 싶습니다
아픈 상처로 함께 앓고 싶습니다

*이광식 시인님의 쾌유를 기원하며……. 2016년 2월 23일 아침

그리운 고향 바다

코스모스 행진하는 해변을 따라
너와 나, 두 손 잡고 달려갑니다
머리카락은 마음껏 휘날리고
이마는 하늘처럼 넓어집니다

코끝에는 들풀 향기 소금기를 서걱이고
해오라기와 물떼새들의 노래는
거친 파도를 달려갑니다

갯벌을 훔치고 산으로 도망친
도둑게들의 무용담이 시큰둥해질 녘
키조개는 온종일 깊은 바다를 꼬물대다 지치고
햇살 범벅 망둥어는 바닷물을 뜀박질합니다
먼바다를 몰고 온 바람도
질세라 덩달아 아우성입니다

초가삼간 등 굽은 허연 할머니가
좁다란 마당을 서둘러 비질할 때면
저녁노을 가득 궁싯거리고
된장국 구수한 저녁연기 하늘하늘
은빛 물결치는 갈대밭을 넘어갑니다

너와 나,
하늘을 보며 바다를 안고
아주아주 많이 웃었습니다
아주아주 많았던
너와 나의 꿈이여! 자유여!
그립습니다.
아주아주 많이 그립습니다

별과 나

깊은 밤 창가에 홀로 기대어
못다 쓴 한 줄에
멍든 이 마음
쓰다가 지우다 하늘을 보니
별 하나,
누구를 기다리나요
붉은 눈 밝히며
누구를 기다리나요
내 마음속 멍든 한 줄,
별에게 보내고
붉은 별 애타는 기다림,
내게 보내고
주고받고 하다가
주고받는 재미에
주고받는 마음만 밤새 남았네요
주고받는 사랑만 밤새 남았네요

추일단심秋日短心

눈을 뜨네요
이슬이

웃고 있네요
햇살이

손짓하네요
바람이

온 세상,
단풍 드네요

눈을 뜨고
웃으며
손짓하세요

가을이 물들잖아요
마음이 물들잖아요

가을이 오면

단풍 드는 골짝마다
속삭이는 바람 소리
언덕 위의 밤하늘에
술렁이는 달과 별들

가을 가득 고운 가을
가을이 오면

쪽빛 하늘 모퉁이에
가을 깊이 고스란히
나를 놓자
나를 빚자

구름 너머 영원처럼
청자 속 운학雲鶴처럼

사경四更

민들레 꽃씨처럼
별들이 자라는 밤

정화수 마음 한 폭
간절한 기도에

함초롬히 젖은 달빛
박꽃으로 펴나고

은핫물에 쪽배 띄워
저어
저어
흐르는 사랑

홍매화 전설傳說

눈 오는 밤에는
눈을 감아도
꿈속의 눈 속으로 눈이 내렸다

애비는 새까맣게 손을 비벼
미투리 복조리 벽마다 내걸고
새까만 코밑으로 술을 부었다

천식 앓는 할배가 밭은 숨 몰며
열어젖힌 봉창 너머엔
매화나무 굽은 등
가지마다 소복하게 하얀 눈
눈[眼]을 감고 눈[雪]을 보는
할배의 주름진 눈물 빛
차라리 은은한 달빛도 모자라

시름겨운 졸음 속
에미의 수틀 속엔
손톱 끝 붉은 피로
홍매화 한 송이 알근하게 벙글고……

꿈속의 눈 속으로 꽃상여 타신
할배의 걸음걸음 하얗게
매화 향기 가득 울었다

작은 섬

먼바다 아득하게
잠이 든 작은 섬

섬 그늘 뱃머리에
노을이 내리고

사립문에 어리는
어부의 긴 그림자

소금기에 전 발목
달빛에 쓰라리고

별 뜨는 밤바다에
파도치는 그리움

막차

깊은 밤 어둠 속에서 막차를 탔어요
외로워서 그랬을까요
차창에 뜬 시린 달빛에
빈 의자에 스민 달빛이
문득 슬퍼졌어요
빈자리를 하나씩 옆에 끼고서
모두들 허수아비처럼 쓸쓸하네요
모두들 누군가와 함께하고 싶은데
따뜻하게 손 한번 잡지 못하고
오순도순 저녁 한 끼가 그리운 사람들……
너무 서러워 마세요
녹슨 슬픔이 붉은 눈물로 흘러내리는
살다 보면 괜스레 그런 날 있잖아요
아프지 않기 위해 오늘도 아파하면서
다들 그렇게 살고 있어요
지치고 힘든 어깨를 꼬옥 안아 주세요
다가올 내일은 고스란히 행복일지도
아직은 모르잖아요
오늘 우리를 데려온 이 막차도
내일 아침에 첫차로 다시 출발하듯
그래요, 아닌 척
내일 아침에 우리, 첫차로 다시 만나요

보물찾기

어젯밤 눈이 많이 왔다. 지나가는 사람마다 주머니에 손을 넣고 종종걸음을 치고 있는데, 골목 저쪽에서 옆집 할아버지가 누렁이와 함께 눈을 쓸며 시나브로 다가오고 있다. 할아버지가 내 옆을 지나치며 두 눈 가득 다가오더니 장갑 낀 손으로 머리를 헝클고 갔다. 나도 내일 아침에는 꼭 눈을 쓸어야지, 했는데 그날 밤은 눈이 오지 않았다.

그날 이후에도 눈이 내리는 밤이면, 나는 여전히 늦잠을 잤기 때문에 한 번도 눈을 쓸지 못했다. 눈 오는 밤마다 엄마가 나 몰래 목화솜 이불을 덮어 주는 바람에 늦잠을 자게 되는 거라고, 따질 수도 있었지만 참았다. 사나이는 참아야 한다기에. 어젯밤에도 또 눈이 내렸고 어김없이 또 늦잠을 잤다. 부끄럽고 미안한 마음에 어머니가 막 구어 낸 군고구마 한 알을 몰래 들고 밖으로 나갔다. 그런데 오늘은 할아버지가 늦잠을 잤나 보다. 보이지 않는다. 군고구마를 엉거주춤 들고 서 있는데, 할아버지네 누렁이가 폴짝, 뛰어올라 군고구마를 낚아채 달아났다. 누렁이를 쫓다 눈 속에서 넘어지고 미끄러지고 뒹굴다가 그만 지쳐서 포기했다. 두어 발짝 앞에서 누렁이가 혀를 빼물고 꼬리를 살랑거리며 웃고 있다. 할아버지의 인자한 미소를 배운 것 같다.

그날 아침 나는, 등교시각에 늦었다고 선생님께 꿀밤을 다섯 개나 먹었다. 꿀밤 한 개마다 누렁이 꼬리처럼 선생님의 말꼬리가 살랑거렸다.

꿀밤 한 개에 "너는 언제 공부할래? 바람 분다고 않고~"

꿀밤 두 개에 "너는 언제 공부할래? 비 온다고 않고~~"

꿀밤 세 개에 "너는 언제 공부할래? 구름 낀다고 않고~~~"

꿀밤 네 개에 "너는 언제 공부할래? 눈 온다고 않고~~~~"

꿀밤 다섯 개에 "너는 언제 공부할래? 이제는 학교까지 늦어~~~~~"

창밖에는 송이송이 하얀 송이 눈이 내리고 있다. 누렁이가 하얀 운동장에서 커겅~컹, 소리를 내지르며 눈 몰이를 하고 있다. 오늘은 공부를 하지 않아도 좋을 것 같다. 눈 오는 날의 꿀밤 한 개 값을 이미 지불했으므로. 그런데 왜, 나의 눈가에 눈물이 고이는 걸까? 꿀밤 다섯 개에 내 눈물까지 보태는 것은 너무나 억울하지 않은가.

할아버지도 누렁이도 어머니도 꿀밤 다섯 개의 선생님도 이제는 없다. 그리고 그때의 나마저도 없는 오늘, 적막강산의 구도 아래 또 눈이 내린다. 나는 새삼, 그 시절 어린것의 눈가에 흘렀던 눈물의 의미를 찾는다. 그러나 쉽지 않은 일임을 나는 안다. 쉽게 찾아지는 것은 결코 보물이 아니므로.

고향으로

굽이굽이 흐르는 저 강물은
은빛 슬픔 가득 출렁이며
어디로 가는 걸까
밤꽃 냄새 여울진 강물을 따라
오늘은 그리운 고향으로 다시 돌아가
벗은 발로 온종일 흙을 밟고 싶다
부지런한 두 손으로
이랑을 만들고, 씨를 뿌리고
새싹들의 잔등을 다독이면서
땀 냄새 정직한 농부가 되고 싶다
남몰래 울먹이는 사랑 하나,
들꽃 웃음 소박한 처자를 만나
해와 달과 별밖에 모르는
어리석은 농부로 살아도 좋으리니
아! 바람이 단소短簫를 흐느끼는 밤
밤꽃 냄새 여울진 강물 속에
부끄러운 알몸을 담그고
그리운 고향,
어머니의 태아로 다시 돌아가
지상에서 가장 신비로운
생애의 첫울음을 터트리고 싶다

4부

벗은 발로 우는 갈매기,
입 다문 민조개들의 속울음,
하얀 거품을 물고 절벽을 할퀴는 파도 소리와 그 아우성
너는 어느 먼 무인도에 유배되어
따뜻한 강줄기가 그리워서 날마다 목이 타는
한 줌 소금으로 남았는가

까닭 없이 이유 없이

오늘도 백제교 서신교 다가교 어은교 매곡교를 지나간다
벗은 발로 헤엄치는 겨울철새들은 굽은 강을 흘러가고
버드나무 고스러진 긴 머리채 바람 따라 너울댄다

남부시장 북새통에 떠밀려 싸전다리를 건너면
먼발치 초록바위 언덕 위에 오래된 처녀들
안개 속 흐느적 월아요배月娥遙拜*라도 하는가
달빛 취한 천년의 숨결 나를 껴안는다

절벽 위 소슬한 한벽당寒碧堂에 오르자
남천교 청연루는 무지개다리 위에 우뚝 서고
좁은목 휘모는 바람에 승암산 한 자락이 두세두세 말을 건다
한벽당 편액扁額을 내건 이가 강암우수剛菴迂叟*라 했지
서늘한 돌계단에 지친 다리 쉬노라면
세상 물정 몰라도 좋으리라

속지俗地를 건너 성지聖地로 들어가는 치명자산 입구
골고다 십자가 길 위에 노을이 붉게 누웠는데

차마 그 문턱 넘지 못하고 원당마을 속세를 지날 뿐이다
남고산성 두터운 산 그림자에 몸을 기댈 뿐이다

오늘도 이렇게 전주천 삼십 리 길 닿았는데
남은 건 매번 돌아갈 삼십 리뿐
무엇이더냐?
까닭 없이 떠났다가 이유 없이 돌아가는
홀로 선 내 그림자는
반짝반짝 눈물 찍어 내며 저물어 가는
저 강물, 저 서러움은

*조선의 여인들이 생산과 풍요의 상징인 달을 바라보면서 달의 기운을 가슴 깊이 들이마심으로써 혈력을 보강하던 행위를 이름
*迂叟란 '일의 정곡을 찌르지 못하고 주변만 맴도는 세상일에 어두운 늙은이'라는 뜻의 겸사. 그러므로 '剛菴迂叟'란 '세상일에 어두운 강암(서예가 송성용)이라는 늙은이'를 일컫는 말.

사랑, 그 너머로

오늘도 나는 홀로 강가를 서성인다
달빛은 여전히 강물을 따라 무심히 흐르고
별들은 꿈꾸듯 반짝인다
앞서거니 뒤서거니 나란히 다정했던 두 얼굴
굴참나무 무성한 그늘과 눈부신 햇살과
겹겹이 산과 산들의 노을 진 어깨와
너와 나의 뜨거운 가슴을 넘나들던 강물과 별빛들
……
이제 마지막 후회마저 삭아 버린 이 시간
오늘은 유구한 저 강물과 함께
먼바다의 파도치는 심장으로 떠나고 싶다
태고의 뿌리에 닿아서
외로움도 그리움도 슬픔의 밑바닥까지도
닳고 또 닳아 투명한 하늘에 안기고 싶다
오대양의 이글거리는 태양 아래 누워
모든 나를 불사르리라
흐르고 또 흘러서 흘러가리라
절해고도의 작은 바위에 몸을 기대고
몇 마디 갈비뼈의 화석이 되고 싶다
갈비뼈를 드나드는 천년 숨결이 되고 싶다

어느 눈 밝고 가슴 따뜻한 고고학자를 만나
덥수룩한 그의 기록에 의해
사랑, 그 너머의 희미한 단서로 남고 싶다

길 따라 바람 따라

길 따라 바람 따라
가을이 오는 골목을 돌아가면
문득 그리운 얼굴 나타날까
설렙니다
두렵습니다
두근두근,
무슨 말을 걸어올까
붉은 단풍 한 잎 본 듯
기러기 눈썹 같은
미소를 보내면
나는
나는
기어코 죽고 말겠습니다
사랑에 죽고 말겠습니다

못 잊을 이름 하나

나는 이제, 너를
무엇이라고 불러도 좋다
바람이라거나,
무심히 흐르는 저 강물이라거나

한때, 내 귀를 열고 스며들던 감미로운 너의 목소리
바람이여
피아노의 흑백 건반을 두근두근 건너와 내 가슴에서 울던
그 젖은 하모니는 지금 어디로 갔는가
내 품 안의 꽃바람이었던 너는
회오리바람에 몰려, 아예 거친 태풍에 휩쓸려
사막의 모래폭풍 속으로 적막하게 사라져 갔다
폐허 속의 쓸쓸한 흔적과 긴 침묵,
비둘기 잿빛 날개 위에 떨어지는 무망한 햇살,
흐느끼는 종소리와 현기증의 변주곡
너는 어느 먼 이국의 척박한 황무지를 방황하며
뿌리내리지 못한 몇 포기 잡초 위에 한 톨 향기로 남았는가
말해다오
못 잊을 이름 하나,

바람이여

때로, 내 심연을 도도히 흘러 범람하던 너의 시선,
강물이여
내 부족한 영혼을 채우고 넘치며 오색 빛 채운으로 출렁이던
그 은근하고 청아한 눈빛은 지금 어디로 갔는가
내 품 안의 옹달샘이었던 너는
급류에 떠내려가, 아예 둑이 무너지는 홍수에 휩쓸려
먼바다 수평선 너머로 가뭇없이 사라져 갔다
벗은 발로 우는 갈매기,
입 다문 민조개들의 속울음,
하얀 거품을 물고 절벽을 할퀴는 파도 소리와 그 아우성
너는 어느 먼 무인도에 유배되어
따뜻한 강줄기가 그리워서 날마다 목이 타는 한 줌 소금으로 남았는가
말해다오
못 잊을 이름 하나,
강물이여

나는 오늘도
메마른 강변의 자갈밭에 홀로 서서
구름 가득 먹먹한 하늘을 향해
못 잊을 이름 하나,
너의 이름을 던진다
바람이라고
강물이라고

외로워 외로워서

누군들 외롭지 않을까
애써 아닌 것뿐이지
구름도 가다가다
산자락에 목을 걸고
냇물도 머뭇머뭇
돌다리를 출렁대고
길 잃은 직박구리
나뭇가지를 흔드는 거지
외로움의 동어반복
눈물, 눈물, 눈물,
새싹을 쪼는 거지
외로워 외로워서
나 홀로 먼 하늘
꿈결처럼 서 있는 거지
돌아보면
주저앉은 산 그림자
무너진 약속처럼
거기 있을 뿐인 거지

울고 싶은데

울고 싶은데
울고 싶은데
누구 없나요

내 입술에 따끈하게
찐빵처럼 다가오는
누구 없나요

그 가을에 내밀었던
붉은 단풍
어디 있나요

쓰러진 낙엽 위에
달빛은 쓰라리고
나 홀로 움츠린 어깨……

그래요, 담배 한 개비
매캐한 불빛 속에
겨우겨우
이 길을 걷고 있네요
쿨럭쿨럭 걷고 있네요

남자는 왜

가을 왜, 슬픈지 모르겠다
기어코 낙엽은 떨어지고
남자의 어깨를 휘감는
바람은 왜, 쓸쓸한지 모르겠다

여자는 빈손으로 미소를 흔들고
남자는 왜, 술잔을 기울이는지
별들은 왜, 눈물을 반짝이는지

텅 빈 들판의 고적한 볏단처럼
남자는 왜, 달빛을 서성이는지
오래된 철길 위 코스모스처럼
남자는 왜, 바람에 흔들리는지

마음 둘 곳 없는 남자의 마음을
여자는 왜,
그런 남자를 왜,
외롭게 하는지, 서럽게 하는지

알다가도 모를 여자의 마음을

남자는 왜,
그런 여자를 왜,
그리워하는지, 목말라 하는지

어찌합니까

남부시장에 왔습니다
늘 왔다가, 늘 떠나가는
남부시장에 오늘 또 왔습니다
승암산을 바라보며 청연루를 건너다가
웃어요 활짝, 추억을 담는
젊은 발걸음들이 참 부럽습니다

기울어 가는 가을 햇살 아래서
순대국밥 한 그릇을 시켜 놓고
핑크빛 새우젓 속살도
얼얼한 풋고추에 생마늘도
부추의 멍든 푸르름도
무엇보다 얼큰한 막걸리 두어 잔이
그럭저럭 참 좋습니다

속울음 젖은 노을을 바라보다가
아닌 척, 등 돌리고는
운치 있게 담배 한 대를 꼬나무는데
갈대가 허옇게 너울거립니다
강물이 그렁그렁 흘러갑니다

마음속에 내리는 비, 받칠 우산도 없는데
삶은 이유 없이 복받치고……

오늘도 도져 버린 고질병
어찌합니까, 어설픈 이 가을을

단풍 든 사연

어제는 눈물 나더니
오늘은 외롭습니다
잊으려고 다짐을 해도
문득문득 생각이 나고
시시때때 그립습니다
잊자!
잊자!
잊어버리자!
가슴 죄며 숨죽이다가
햇살이 몸부림치는
벼랑 끝 오후
울먹울먹 젖은 속살
붉게 곱게
단풍 듭니다
단풍 들고 말았습니다

미친 봄날의 연가

꽃비에 젖은 얼굴로
두근두근
강물 흐르던 내 가슴속
여울이여!
그대 떠나간 뒤에
봄 가뭄에 목 타는 산 등짝처럼
이제 내게는
채울 기쁨 무엇도 없나니
꽃 주둥이로
얼굴을 문지르고
무너진 돌탑 뒤 숨을 고르며
석불의 미소같이
오늘을 웃어야 하나
발돋움하며
발돋움하며
부푼 풍선처럼 터지는

아, 미치게 질푸른 하늘아

사모곡思母曲

눈 감으면
물결치는 목소리
떠오르는 그 얼굴
가을이 또 오네요

헐벗은 나무는
바람 부는 언덕에서
저 홀로 야위고,
검붉은 홍시 하나
눈물인 듯 그렁그렁

상심한 밤하늘엔
별들이 앓는 꿈
별똥별 하나둘
하나둘 별똥별

멍든 가슴 모퉁이에
피로 맺힌 붉은 단풍
해일처럼 왔다가
썰물처럼 지는데,

어쩌다 그랬나요
물결치는 옛사랑
울음 삼킨 사모곡
가을이 또 가네요

담배

담배로 태워 버린
수많은 날들
담배 연기만큼
수많은 날들

후회가 연기처럼
동그랗게
말리던 날

아들아, 담배 끊어라
아부지, 담배 끊어요

마주 보며 웃던 날
달 보며 웃던 날
행복이
동그랗게
말리던 날

아들아 너는 좋으냐?

어릿광대, 놀다

비 오는 날은 비에 젖어도 좋으리
모르는 여자의
그 여자의 빨간 우산 속에 뛰어들어
얼굴 마주쳐도 좋으리
할 말 없어도 좋으리
빗속을 도망치는 허겁지겁 그 여자
그 여자의 뒤를 쫓아
세 번쯤은 초인종을 눌러도 좋으리
빨간 우산을
빨간 꽃처럼 활짝 피워 놓고
허겁지겁 빗속을 도망쳐도 좋으리
어깨 젖은 산자락도 흥얼흥얼
뒤척이는 강물 위의 조각배처럼
하얀 웃음 흔들흔들 띄워도 좋으리
내 꿈속을 쫓아온 그 여자
그 여자에게 뺨 맞고 화들짝 깨어나
총총총 빛나는 별들에게
한 개비 담배가
이토록 달콤할 수 없다고
속삭여도 좋으리
고백해도 좋으리

전주천 콘서트

한벽당 서늘한 돌계단에
엉덩이를 고이다가
맑은 물 온순한 돌다리를 건너다가
돌 하나 주워 무심코 던지는 거지
풍덩 퐁당, 또 퐁당 또 퐁당
버들치 쉬리 갈겨니 송사리 송사리들
새까맣게 모여들어
왜 그래, 왜 그래, 왜 그러는데
눅눅한 시름, 고질고질한 인생사
오늘은 다 내려놓을란다 손 씻을란다
부러 헛기침이나 한번 하면 그만이지
그래그래 그만이지 제법 좋지
저 산에 저 산마다 산 벚꽃 피고
햇살 자글거리는 버드나무 긴 머리채
엄니도 같고 누나도 같고
속살 풀어헤친 살가운 바람도 좋아
자전거 두 바퀴 껄껄껄
달려가는 저기 저, 저 하늘에는
하늘하늘 하얀 구름
좋아 좋아, 얼마나 좋은데
오늘 저녁 별 별 별, 별이 뜨는 밤

승암산 고개 넘어
달 수레 타고 내 친구 오거든
너희들 몽땅 넣은 오모가리탕 끓여서
껄껄껄 웃으며 먹어야지
껄껄껄 맛있게 먹어야지
어때? 괜찮지 괜찮지 괜찮지

고향 생각

무덥고 우울한 팔월의 중턱
누구에게나 시비를 걸고 싶은 날
퇴근길 터미널 구석에서
뒤틀린 하늘에 먹구름 낀 심사마냥
마음을 엎치락뒤치락하는데
아무케나 핸드폰을 뒤적이는데
터미널에 나와바릴 틀고
쓰레기와 바람으로 나뒹구는
시러배들의 얘기를 귀동냥할라치면
쥐박아 삐라
눈물 쏙 빠지게 때리 삐라
낡은 푸대의 바람처럼
지들끼리 몰고 몰리면서
때리눕히 삐라
고향 생각 물컹 나게시리……, 한다
고거 참, 눈물 나게 좋은 수작인지라
나도 오늘은, 나도 말이지
저 시러배들에게 흠씬 두들겨 맞고
고향 생각에나 흠뻑 빠지고 싶다
삼복더위 우물가의 등물처럼
오싹하게 매를 맞고

그 맷값으로 덜컹덜컹 고향으로 가는
완행버스나 타고 싶다

늙은 누렁이는 토방에 배를 깔고
마당귀의 채송화는 낮은 졸음을 깐닥깐닥
깔끄러운 덕석 위에서
매포한 모깃불에 기침을 쿨럭이다가
횟배 앓는 아들의 배꼽에 얹힌 어매의 약손이
달빛 너머 꿈길을 쓰다듬을 때
박꽃 무더기, 무더기로 지붕 위에 꽃 펴서
쏟아지는 별 무리 속에 잠들고 싶다

세상이 나를 덜미 잡아
나마저 나를 어찌할 수 없을 때나
그대 토라진 붉은 입술로 사랑을 비웃을 때
그때는 제발, 누가 나를 말이지
때리눕히 삐라
고향 생각 물컹물컹 나게시리

뜬다 뜬다 달이 떠

한가위라 만월인데
만월 가득 무슨 사연
뜬다 뜬다 달이 떠
한옥마을에 달이 떠

얼씨구나 절씨구나
골목마다 기웃기웃
뜬다 뜬다 달이 떠
남부시장에 달이 떠

막걸리를 두어 됫박
울음처럼 울컥벌컥
주모의 지친 눈썹
뼈마디가 욱씬욱씬

취할 듯이 말 듯이
좋아좋아 제법 좋아
누추한 그림자도
흔들어라 흔들흔들

갈대는 바삭바삭

외로움을 비벼라
눈물은 그렁그렁
전주천을 흘러라

한가위라 만월인데
임도 떠난 텅 빈 밤
뜬다 뜬다 달이 떠
내 마음에 달이 떠

술술

얽히고설킨 복잡한 세상, 풀자
술술, 술로 풀어 버리자
안 되는 일은 없단다
술술, 술로 풀어 버리자
술시戌時에 개다리소반
틉틉한 막걸리
좋을시고!
달이 뜨고
청승맞은 박꽃 하얗게 벌면
커겅~컹
복잡한 세상 쫓아 버리자
그립거든
술잔 속에 달을 띄우고
외롭거든
박꽃 속에 별똥별로 떨어지자
달빛 아래 강둑에서
지겟다리 두드리던
아버지의 콧노래로
얽히고설킨 복잡한 세상, 풀자
술술, 술로 풀어 버리자

사랑의 방정식

돌이 아래로 구른다는 것을
증명하라시면
내 몸이 단단한 돌이 되어
수백 번이라도
아래로 아래로 구르리라
닿는 그곳이 당신의 품이라면

불이 뜨겁다는 것을
증명하라시면
내 몸이 잘 마른 장작이 되어
수천 번이라도
뜨겁게 뜨겁게 불태우리라
불타는 그곳이 당신의 심장이라면

당신의 손짓 하나로
바람으로 흔들리는 나는
구름으로 떠도는 나는
그대 꽃 속에 꽃비로 내려
한 잎 젖어 울먹이는 낙화일레라

해설

따뜻한 사유(思惟)와 진솔한 인간미

–황현중의 시세계

박효석(시인, 월간 시사문단 회장)

황현중 시인의 두 번째 시집「너를 흔드는 파문이 좋은 거야」는 바쁜 일상에 함몰된 현대인에게 가슴 깊은 곳에 잠든 순수하고 맑은 서정을 다시 일깨워 마주하게 하는가 하면, 낭만주의적 시에서 흔히 지적되고 있는 감정의 일방적 몰입에서 벗어나, 높은 지성을 바탕으로 한 통찰과 창조적 은유를 통해 평범한 일상을 매력적인 언어로 승화시키고 있다는 점에서 주목할 만하다. 특히 누구나 한 번은 통과해야 하는 중년에 대한 남다른 애정과 관찰로, 그들의 고달픈 삶과 함께하고자 하는 시인 특유의 따뜻한 사유와 진솔한 인간미를 엿볼 수 있어서 잔잔한 감동과 공감을 불러일으키고 있다.

무슨 일이 있어서
전화하는 게 아냐
그냥, 너의 귓가에 머물고 싶은 거야
살그미 닿고 싶은 거지
나무들 틈새로 하늘을 보듯
너의 얼굴을 보고 싶은 거야
나뭇가지에 걸린 흰 구름으로
너의 눈썹 위에 사뿐 놓이고 싶은 거지
초록을 구르는 몇 방울 젖은 이슬로
너의 눈동자에 매달리고 싶은 거야
그래그래
네가 그냥 좋은 거야

무슨 사연 있어서
너를 만나러 가는 게 아냐
그냥, 만나서 웃음 짓고 싶은 거야
너를 만나러 가는 발걸음이 좋은 거지
길섶에서 흔들리는 꽃들이 좋은 거야
풋풋한 향기가 좋은 거지
호수에 던지는 돌팔매질이 좋은 거야
동그라미 속의 동그라미 속의 동그라미로
너를 흔드는 파문이 좋은 거야
그래그래
네가 마냥 좋은 거야

무슨 일이 있어서,

무슨 사연 있어서
시를 쓰는 게 아냐
그냥, 너를 쓰는 거지
창문을 두드리는 바람을 쓰는 거야
반짝이는 별들을 쓰는 거야
눈물 같은 이슬을 쓰는 거지
나를 바라보는 너를 쓰는 거야
그래그래
마주 보는 우리를 쓰는 거야

우리 이렇게
의미로 찾지 말고
암호로 풀지 말고
난해로 어렵지 말아야 해
그래그래
마음과 마음으로 다가가는 거야

-「마음과 마음으로」 전문

시「마음과 마음」은 이 시집의 대표 작품으로, 시집 제목인 '너를 흔드는 파문이 좋은 거야'란 시 구절을 포함하고 있다. 대표 시의 제목을 시집 제목으로 삼는 일반적인 관례에 따르지 않고, 굳이 시의 내용 중 한 구절을 시집 제목으로 뽑은 것에서 시인의 고민이 적지 않았음을 짐작할 수 있다. 필자의 판단도 시집 전체의 내용을 관통하면서 독자의 흥미를 유발하고 친밀도를 높일 수 있다는 측면에서, '마음과 마음으로'라는 평범하고 울림이 덜한 제목보다는 '너를 흔드는 파문이 좋은 거야'란 감각적인 시구가 시집 제목으로 더 적합하다고 생각되기에 시인의 선택에 깊은 지지를 보낸다.

이 작품은 어떤 대상과 소통함에 있어서 목적이나 이유를 행위의 전제로 삼지 않고 아무 조건 없이 '마음과 마음'으로 서로 다가가기를 바라는 순수한 열정에 기반하고 있다. 그래서 시적 화자는 '무슨 일이 있어서/ 전화하는 게 아니'라 '그냥, 너의 귓가에 머물고 싶은' 것이고, '무슨 사연 있어서/ 너를 만나러 가는 게 아니'라 '그냥, 만나서 웃음 짓고 싶은' 것뿐이다. 시 쓰기에 있어서도 '무슨 일이 있어서/ 무슨 사연 있어서/ 시를 쓰는 게 아니'라 '그냥, 너를 쓰는' 것이라고 말하고 있다.

시는 조건 없는 지고지순한 마음에서 비롯되어야 하고 탐욕 없는 객관적 사유를 통해서만 대상에게 진정한 사랑과 공감의 파문을 불러일으킬 수 있다는 측면에서, 이 시는 황현중 시인의 순수한 심성과 따뜻한 인간적 면모가 가장 잘 드러난 작품이라 하겠다.

상대가 어렵고 복잡하면 접근하기 곤란하듯 시도 너무 어렵고 복잡하면 독자가 다가서기 쉽지 않다는 것을 우회적으로 비판하고 있다는 점에서 이 시는 매우 시사성이 강한 작품이기도 하다. 시인은 어려운 시에서 벗어나기 위해서는 '의미로 찾지 말고/ 암호로 풀지 말고/ 난해로 어렵지 말아야'한다고 주문하고 있다.

같은 맥락에서 눈길을 끄는 또 다른 작품으로 「이유 없는 행복한 이유 하나」가 있다. 시적 화자에게 과거는 돌이킬 수 없고, 미래는 불확실하기 때문에 현재의 이 순간, 여기만이 나를 지탱하고 나의 미래를 밝히는 유일한 시간이다. 따라서 '무엇이 되고 싶은 흥분보다/ 무엇이 된 기쁨보다/ 이유를 유혹하지 않는' 현재의 이 시간에 충실해야 하며, '걸음걸음 신나는/ 순간순간 빛나는' 삶의 태도를 지향해야만 진정한 행복에 다다를 수 있다고 강조한다.

엘리베이터 안
손바닥 경고문에 덧붙인 낙서
(여자를) 손대지 마시오
(남자에게) 기대지 마시오

손대지도 기대지도 못하고
뿌리째 뽑히는
고독한 수직 상승

층층마다 하나씩 뱉어 놓으면
와락, 수갑을 채우는
불 꺼진 쓸쓸!

– 「엘리베이터」 전문

이 시는 세속적인 가치관을 희극적인 상황 유발을 통해 웃음을 선사하는 해학시의 일종이다. 시인은 관조적 해학적 시선을 통해 일반인들이 엘리베이터라는 사물을 늘 바라보고 이용하면서도 전혀 감각하지 못한 부분을 포착하여 한 편의 예술성 높은 작품으로 형상화하였다.

이 시에는 시적 화자가 창조한 특별한 엘리베이터가 등장한다. 엘리베이터는 일반인에게는 집으로 향하는 최종의 승차기이지만, 시인의 관조적인 감각에 의해 포획된 엘리베이터는 이 작품의 주인공이 되며, 사람은 단순한 구성물에 지나지 않게 된다. 시인은 엘리베이터를 주인공으로 내세워 인간을 각 층마다 뱉어 놓고 수갑까지 채워 버리는 극적 장면을 연출함으로써 서로에게 '손대지도 기대지도 못하'고 고독하게 현대를 살아가는 소외된 인간의 단면을 손에 잡힐 듯 실감나게 묘사하고 있다.

어찌합니까. 나의 중년은
문턱을 넘어가다 엎질러진 물입니다
물먹은 솜처럼 축 처진 모가지입니다
여름날의 소나기처럼 신이 났던 젊음,
아우성치며 넝쿨지던 나팔꽃들도
내게 다시 오지는 않을 겁니다
눈치를 보며 망설이다 주저앉아 버리는
이 무위(無爲)의 시간들은 이제
벗어던져도 아쉬울 것 없는 허울입니다

아닙니다. 나의 중년은
뜨거운 소나기는 아니라도
아우성치는 나팔꽃은 아니라도
아직은 식지 않은 피와 살과 곧추선 뼈로
세상을 향해 고함치는 함성입니다
약아빠진 졸개가 아니라
번개를 꿈꾸며 천둥을 기다리다
벼락을 맞아도 좋을 바위입니다
조각조각 슬픔으로 젖어서
조각조각 외로움으로 메말라서
조각조각 몸부림으로 닳아서

그래요, 나의 중년은

조각조각 빛나는 보석입니다

–「아름다워라, 중년」 전문

이 작품은 중년의 아름다움을 노래하고 있다. 그러나 중년에 대한 단순한 찬가가 아니다. 시적 화자는 중년은 '벗어 던져도 아쉬울 것 없는 허울'이지만 역설적(Paradox)으로 중년은 '조각조각 빛나는 보석'이라고 주장하고 있다. 그러나 '벗어 던져도 아쉬울 것 없는 허울' 같은 중년이 느닷없이 '조각조각 빛나는 보석'이 되는 것은 아니다. '식지 않은 피와 살과 곧추선 뼈'로 '세상을 향해 고함'치는 당찬 중년인 것이고, '슬픔'과 '외로움'과 '몸부림'으로 닳고 닳아서 만들어낸 보석 같은 중년인 것이다. 그래서 중년은 아름다울 수밖에 없다고 시인은 목청을 돋운다.

세상도 중년다운 중년에 박수와 격려를 보낼 것이다. 그냥 나이만 쌓아 간다면 무기력한 중년, 부끄러운 중년의 나락으로 떨어지고 말 것이기에, 이 시는 아름다운 중년이 되기 위한 자격이나 조건을 제시하는 작품이라고 해석해도 좋을 것이다.

못생긴 건 용서할 수 없다!

쌍꺼풀은 기본으로 깔고

처진 볼은 보톡스,

팔자주름은 필러로

실리콘을 채운 가슴은

자부심에 부푼다

꿀벅지는 달콤한 유혹,

치아 교정은 통과의례
여전사는 이제 마지막 승부를 건다
턱뼈를 들이밀고 받은 승리의 견적
브이라인에서 펄떡거리는
오후의 햇살이 뜨겁다
뭐든지 할 수만 있다면……,
이빨을 악물며
자신을 버리고 세상의 값싼 얼굴로 떠도는
그녀의 젊은 뒤태가 불안하다
하이힐 높은 그림자가
제 손가락질에 비틀거린다

—「성형 미인」 전문

이 작품은 성형을 통해 아름다움을 구매하는 현대여성의 허영과 자기기만을 풍자한 시이다. 현대사회가 만들어 놓은 왜곡된 미의 가치를 적나라하게 드러내 놓았다. '마음이 예뻐야 미인'이라는 말은 옛말이 된 지 오래고, 여자라는 존재는 이제 성형을 위해 전쟁터의 여전사처럼 전진한다. 시인은 이러한 현상을 '그녀의 젊은 뒤태가 불안'하다고 진단하고 '하이힐 높은 그림자'가 그 누구도 아닌 '제 손가락질에 비틀거리'게 되어 버렸다고 탄식하기에 이른다. 시인은 우리 시대의 성형 풍토를 꼬집으면서, 독자에게 현대의 미인상은 어때야 하는지 간곡하게 묻고 있는 것이다.

이밖에도 황현중의 시집에는 '아내'를 언급한 작품 세 편이 있어 눈길을 끈다. 그중의 한 편인「아내의 아픈 다리」를 읽어 보자.

'네 마음에는 다리가 없구나/ 네 아내는 다리가 아프다/ 마음이 아니라/ 다리가 아프다/ 땅을 딛고 걷는 다리가/ 계단을 오르는 다리가/ 네 밥상을 차리는 다리가/ 너를 견디느라/ 네 지친 삶을 끌고 가느라/ 세상의 절벽이 고단한/ 네 아내는 다리가 아프다// 오늘은 네 성한 두 다리로/ 아픈 아내를 등에 업고/ 아내의 아픈 다리가 되어라/ 세상의 아픈 다리가 되어라/ 아프게 절벽을 기어오르는/ 누군가의 사다리가 되어라'

–「아내의 아픈 다리」 일부

시인은 다리가 아픈 아내에 대한 사랑을 '아내의 아픈 다리'라는 직접어를 동원하여 표현하고 있다. 다리가 아픈 아내의 고단한 삶을 도외시한 채 자기 자신의 내면의 아픔에만 매몰된 나(시적 화자)에게 성찰의 기회를 제공함으로써 아내의 아픔을 내 아픔으로 끌어안는 원숙한 사랑의 모습을 그려내고 있다.

시인은 또 독자들에게 '아내에 대한 나의 사랑'을 뛰어넘어 아픈 세상 사람들을 위해서 '세상의 아픈 다리'가 되어야 한다고 권고한다. 그렇다. 세상은 내 안에 갇혀서 나의 안위만 살피며 살 수 없으며, 그렇게 살아서도 안 된다. 내 주변에는 나보다 더 불행한 사람들이 얼마든지 있다. 한 번쯤은 그들을 위해 그들의 아픈 다리로 세상을 살아 보는 것도 건강하고 가치 있는 삶의 방식이리라.

지금까지 황현중 시인의 두 번째 시집『너를 흔드는 파문이 좋은 거야』에 상재된 주요 작품들은 살펴보았다. 우리는 그의 시를 통해 시인의 순수한 마음의 지향과 따뜻하고 성숙한

중년의 통찰을 충분히 확인할 수 있었다.

만약 시를 쓰지 않았다면 가난하고 외롭고 거친 삶을 어떻게 감당했겠냐는 그의 고백처럼 그의 시는 그의 삶이고 철학이라고 말해도 좋을 것이다. 황현중 시인의 삶에 있어서 슬픔과 고통은 기쁨의 마중물이다. 희망에 대한 절망의 역할도, 성공에 대한 실패의 역할도 그러하리라. 그래서 그는 오늘도 '빈 가지에 젖은 바람을 흔들며'(「이유 없는 행복한 이유 하나」 중) 고통스럽지만 아름다운 중년의 '길찾기'에 나서고 있는지도 모른다.

중년다운 중년의 따뜻한 사유와 진솔한 인간미로 엮은 황현중 시인의 두 번째 시집 출간을 진심으로 축하드리며, 그만의 특별하고 아름다운 시세계가 이번 시집 발간을 계기로 더욱 탄탄하게 자리매김하기를 바란다.

〈황 현 중 시인 약력〉

전북 부안 출생, 월간 『시사문단』 시로 등단, 한국시사문단작가협회 회원, 한국문인협회 회원, 빈여백 동인, 시사문단 낭송회 이사, 북한강문학제 추진위원, 시집 『조용히 웃는다』(2015 그림과책) 출간, 『봄의 손짓』(제10, 11회) 공저, 『전북체신25년사』 『행사·의전뱅크』 저술, 북한강문학제 시와 사진전 작품전시(2015)

그림과책 시선 148

너를 흔드는 파문이 좋은 거야

초판 1쇄 발행일 _ 2016년 6월 3일

지은이 _ 황현중
펴낸이 _ 손근호

펴낸곳 _ 도서출판 그림과책
출판등록 2003년 5월 12일 제300-2003-87호

03030 서울 종로구 통일로 272, 210호 송암빌딩(무악동)
도서출판 그림과책
전화 (02)720-9875, 2987 _ 팩스 (02)720-4389
도서출판 그림과책 homepage _ www.sisamundan.co.kr
후원 _ 월간 시사문단(www.sisamundan.co.kr)
E-mail _ munhak@sisamundan.co.kr

ISBN 978-89-94753-46-1(03810)

값 10,000원

이 도서의 국립중앙도서관 출판예정도서목록(CIP)은 서지정보유통지원시스템 홈페이지(http://seoji.nl.go.kr)와 국가자료공동목록시스템(http://www.nl.go.kr/kolisnet)에서 이용하실 수 있습니다.(CIP제어번호: CIP2016012663)